AF248488

MES IMPRESSIONS

A

JÉRUSALEM, EN 1893

(LETTRE A MES VÉNÉRÉS CONFRÈRES, ANCIENS PÈLERINS DE TERRE-SAINTE)

PAR L'ABBÉ VACHIA

Chanoine de Nazareth et chevalier du Saint-Sépulcre,

PRÉCÉDÉES D'UNE

LETTRE DE SA GRANDEUR MONSEIGNEUR L'ARCHEVÊQUE DE BAGDAD

ET D'UNE AUTRE DE

SA GRANDEUR MONSEIGNEUR L'ÉVÊQUE DE BALE

*Lœtatus sum in his quœ dicta sunt
mihi ; in domum Domini ibimus.*

(Ps. CXXI, 1.)

En vente chez l'auteur, à Chateauneuf (Saône-et-Loire)

Prix : 1 fr.

NEVERS,

IMPRIMERIE G. VALLIÈRE
Place de la Halle et rue du Rempart.

1893

✝

IMPRIMATUR.

Lucerne, le 6 juillet 1893.

✝ LÉONARD,

Évêque de Bâle et de Lugano.

Va, pélerin, et que Dieu t'accompagne !
Prends ton bissac, ta gourde et ton bourdon,
De forts souliers, pour gravir la montagne,
Un peu d'argent, si le ciel t'en fit don.

Prends ton manteau de laine : en Samarie
La nuit est froide, et sous la tente on dort.
Place surtout ton espoir en Marie,
Cela vaut mieux que partir cousu d'or.

AU GLORIEUX SAINT JOSEPH

AVOCAT DES CAUSES DIFFICILES.

———

O mon Bienheureux Père, je veux qu'en ouvrant cette petite brochure, mes trop bienveillants lecteurs aient l'occasion de saluer votre mémoire... de prononcer votre nom. Peut-être seront-ils, comme moi, très-heureux de saisir cette occasion nouvelle de vous redire leur reconnaissance.

Certes, que de fois, durant mon pélerinage, je me suis rappelé cette parole de votre fidèle servante sainte Thérèse : *« que vous ne savez rien refuser de ce que l'on vous « demande, le jour de votre fête »* ! Je vous ai invoqué avec ferveur et confiance : et du haut du ciel vous avez accueilli mes supplications, Aussi, je ne crains point de proclamer que si je suis retourné, cette année, à Jérusalem, c'est à vous, c'est à votre intercession auprès de Dieu, que je le dois. Oh ! soyez mille fois béni, pour le bonheur que j'ai goûté là-bas... Je vous l'ai promis, oui, je ferai désormais tout ce qui dépendra de moi, pour vous faire mieux connaître et mieux aimer. Je redirai à tous, vos amabilités, vos grandeurs... votre pouvoir au ciel. Mais ici encore, reconnaissant mon impuissance, je recours à votre cœur si bon et si généreux ; agréez mon désir, mes faibles efforts : que Jésus et Marie les bénissent, et me donnent de gagner des âmes, dévouées à *Celui* qui leur fut, sur la terre, si intimement uni.

DÉDICACE

A SA GRANDEUR MONSEIGNEUR EFREM RAHMANI

ARCHEVÊQUE SYRIEN DE BAGDAD

Chateauneuf, en la fête de la Visitation, 2 juillet 1893.

MONSEIGNEUR,

Laissez-moi, tout d'abord, remercier Votre Grandeur du bel exemple de piété filiale qu'Elle nous a donné durant les trois semaines de notre séjour à Jérusalem.

Certes, je ne suis point chargé de traduire ici les sentiments des 800 pélerins du Congrès eucharistique; mais soyez certain, Monseigneur, que notre admiration, pour avoir été silencieuse, n'en a pas été moins vive.

..... L'*étoile d'or* (1) que portait à son front l'archevêque de Bagdad brillait moins à nos regards que *la vieille mère* que ce même Pontife, le sourire sur les lèvres, nous présentait, avec une simplicité qui, plus d'une fois, fit couler nos larmes.

Vous n'aviez pas voulu vous séparer de cette mère bien-aimée! ou, plutôt, vous aviez tenu à ménager à ses dernières années *les émotions du Calvaire !*

Du reste, vous ne pouviez douter un seul instant de cette *femme forte*. Aussi bien, vous aviez le droit d'être fier d'*Elle*, tandis que nous apprenions de votre bouche que, *pour*

---

(1) Sur leur coiffure en soie noire, les évêques syriens portent une étoile métallique en or (costume de ville).

arriver jusqu'à Jérusalem, *Elle* avait dû, avec vous, supporter les fatigues de vingt-quatre jours de marche !

Et alors, Monseigneur, nous ne savions guère ce qu'il fallait le plus admirer, de la *tendresse* du fils, ou de la *foi* de la mère : tout au moins, ne pouvant résister à certains attraits du cœur, nous aimions à aller de l'un à l'autre, pour nous édifier : et Dieu sait s'il nous était facile de nous contenter !

O Pontife de Bagdad, digne enfant d'une telle mère, sans doute nous étions vraiment heureux chaque fois que nous pouvions entendre votre voix si vibrante et si sympathique ! mais j'avoue que, pour moi, votre éloquence, bien que muette, était encore plus persuasive, alors que, cette mère à vos côtés, vous vous mêliez à nos rangs avec une telle affabilité que nous étions vite à notre aise avec vous. Non, vraiment, nous ne saurions jamais oublier ces conversations où les délicatesses du prélat fraternisaient si bien avec les bontés d'un père.

Et....., Monseigneur, c'est au souvenir, souvenir toujours vivant, de cette bienveillance empressée avec laquelle vous nous accueilliez tous, que j'ose, à cette heure, vous dédier *mes impressions à Jérusalem.*

« *Non donum dantis, sed dantis amorem.* »

Ce n'est qu'une petite violette ; mais tout en n'étant qu'une pauvre petite fleur cachée dans cette couronne que vous tressa, à Jérusalem, la reconnaissance des pélerins de 1893, elle n'en demeure pas moins une fleur odoriférante qui vous dira ma vive gratitude et mon éternel souvenir.

A vos pieds, Monseigneur, j'ose solliciter une de vos plus paternelles bénédictions en faveur d'un prêtre qui se dit,

De Votre Grandeur,

le très-indigne et très-respectueux serviteur,

M.-J.-L. VACHIA.

LETTRE

DE

SA GRANDEUR MONSEIGNEUR RAHMANI

ARCHEVÊQUE SYRIEN DE BAGDAD

Paris, 8, rue François Ier, le 10 juillet 1893.

MONSIEUR LE CHANOINE ET CHER AMI,

Hier, dans l'après-midi je me rendais à la Madeleine, pour prêcher un discours qui avait pour objet les *résultats du Congrès eucharistique de Jérusalem* : en entrant à la sacristie on m'a donné les photographies que vous m'avez envoyées, et on m'a remis aussi votre lettre avec le texte de *Vos impressions* sur le pélerinage et sur le Congrès eucharistique.

Je vous remercie de tous les sentiments que vous voulez bien m'exprimer. Que le bon Dieu soit loué à jamais, pour nous avoir conduits, cette année-ci, à Jérusalem ! Il est certain que personne n'oubliera le bien qu'il a reçu dans cette rencontre de l'*Occident* avec l'*Orient* au Congrès eucharistique.

A mon tour, je me propose de faire connaître aux miens, toujours mieux, la beauté de l'Église catholique, sa sollicitude... sa condescendance maternelle et spéciale vis-à-vis de l'Orient, et l'inépuisable générosité de *sa fille aînée, la France*, en faveur de l'Orient.

J'ai lu avec bonheur *Vos impressions à Jérusalem*, et je vous suis reconnaissant, de tout mon cœur, de l'honneur que vous me faites de me dédier votre gentille petite brochure.

Elle est écrite avec beaucoup de cœur, et avec un sentiment de foi et de piété vraiment remarquable.

Je loue votre zèle à faire connaître par la presse les merveilles que Dieu a opérées dans le Congrès.

Je reste encore à Paris jusqu'à la moitié d'août ; et il est probable que j'irai à Lourdes. Partout on m'invite : mais je suis tellement fatigué que je dois rester ici pour me soigner. Vous voyez aussi que je demeure à la rue François Ier, chez les Pères de l'Assomption.

Je regrette que la saison actuelle soit la saison morte, pour avoir des ressources : je n'ai presque rien fait ici.

Je vous serais très-reconnaissant si vous pouviez me procurer quelque chose chez vous, ou m'indiquer de votre connaissance quelques personnes charitables auxquelles je pourrais adresser quelques requêtes, pour leur demander des secours pour ma pauvre mission.

Adieu, mon cher Chanoine : je vous bénis, et... *Oremus pro invicem. Pax tecum.*

† Efrem RAHMANI,

Archevêque syrien de Bagdad.

LETTRE

DE

SA GRANDEUR MONSEIGNEUR HAAS

ÉVÊQUE DE BALE ET DE LUGANO (SUISSE)

———

Lucerne, le 6 juillet 1893.

MONSIEUR LE CHANOINE,

A toutes les amabilités que vous m'avez témoignées, tant sur le *Poitou* que pendant notre pélerinage en Terre-Sainte, vous ajoutez encore celle de m'envoyer les prémices de votre brochure, intitulée : *Mes impressions à Jérusalem.*

Soyez assuré, cher Monsieur le Chanoine, que je vous en conserverai toujours un souvenir très-reconnaissant.

Quoique me trouvant actuellement en tournée pastorale, et, par conséquent, très-occupé, j'ai, néanmoins, tenu à jeter un coup d'œil sur votre travail, lequel m'a fort intéressé, et lequel sera certainement accueilli et lu avec grand plaisir par tous les pélerins de Jérusalem.

Je regrette vivement de ne pouvoir répondre à votre désir en vous accordant le *Placet-imprimatur*, parce que les évêques ne peuvent accorder ce *placet* qu'aux ouvrages qui s'impriment dans leur diocèse respectif, ou qui sont destinés leur diocèse.

Mais je puis vous envoyer ma bénédiction épiscopale, pour

vous d'abord, cher Monsieur le Chanoine, et pour votre travail : ce que je fais du fond du cœur.

Recevez aussi mes remercîments pour les belles photographies de Notre-Dame de France et du Cardinal-Légat, et croyez à tous mes sentiments affectueusement dévoués en Notre-Seigneur.

✝ LÉONARD,

Évêque de Bâle et de Lugano.

P. S. — En même temps que j'envoie cette lettre, je vous retourne votre manuscrit, en y joignant l'*imprimatur* pour mon diocèse.

Loué soit N.-S. Jésus-Christ... *toujours !*

Chateauneuf (Saône-et-Loire),
en la fête de saint Pierre et saint Paul, 29 juin 1893.

VÉNÉRÉS FRÈRES ET BIEN CHERS PÉLERINS,

Comptant sur votre bienveillance, j'allais dire sur cette sympathie vraiment exceptionnelle dont vous m'avez donné tant de preuves, durant les sept semaines passées ensemble, je me présente, en toute simplicité, à chacun d'entre vous, avec la ferme conviction que ma visite (que ne puis-je vous la faire en personne !) vous sera agréable. Du reste, je vous l'avoue, un silence plus prolongé me deviendrait pénible, d'autant plus que j'ai promis à un grand nombre de leur envoyer, dès les premiers jours, avec quelques-unes de mes impressions de voyage, certains renseignements relatifs aux vues photographiques que, sous leurs yeux, j'ai pu prendre durant nos pérégrinations en Terre-Sainte.

« *Que Notre-Seigneur Jésus-Christ vous accorde d'abon-*
» *dantes grâces ; qu'il soit de plus en plus votre lumière,*
» *votre force, votre consolation dans l'épreuve ; qu'il allége*
» *pour vous la souffrance, surtout celle de l'âme ; qu'il vous*
» *fasse une petite place* ICI-BAS *dans son cœur, et* UN JOUR
» *dans son Ciel !* »

En vous adressant aujourd'hui la liste complète et détaillée des photographies en question (1), j'ai conscience de répondre à un désir ardent de vos cœurs : « *Si oblitus fuero tuî, Jérusalem, oblivioni detur dextera mea* (2). » *Si je devais un jour ne plus me souvenir de toi, ô Jérusalem, que ma main droite me soit en oubli.*

La plupart d'entre elles sont réussies ; quelques-unes même méritent une place marquée, je veux dire, la place d'honneur près du *Crucifix apporté de Jérusalem ;* toutes, du moins, réjouiront vos âmes et vous offriront l'occasion nouvelle de remercier le bon Dieu d'avoir suscité, en notre France bien-aimée, *de vrais apôtres,* tels que les Pères Augustins de l'Assomption, seuls capables d'entraîner les foules au tombeau du *Christ qui aime les Francs* (3).

Sans doute, nous, anciens pélerins de la pénitence, nous avons été heureux et fiers de pouvoir, en 1884, inaugurer à Jérusalem le culte de N.-D. de Lourdes, par l'érection toute spontanée, par l'édification exclusivement sacerdotale (4) de la première grotte, construite en Palestine, à la gloire de la Vierge des roches Massabielles ; mais il faut avouer que, cette année, nos émotions ont été encore plus vives, nos acclamations plus enthousiastes, alors que nous assistions au triomphe de la *Papauté* à travers les rues de la ville sainte. *Et turba multa, quæ convenerat ad diem festum, clamabat Domino : Bene-*

(1) Voir, pour les photographies, à la fin de la brochure.

(2) Psaume CXXXVI, 6.

(3) « Il y a dans le cours des siècles une heure psychologique propice » aux grandes choses ; la laisser passer, c'est souscrire à la déchéance » morale des individus et à l'effondrement de la société.

» Les Révérends Pères Augustins de l'Assomption l'ont parfaitement com- » pris. Aussi, malgré les obstacles qui se dressaient devant eux, n'écoutant » que leur zèle et confiants en la divine Providence, à l'instar des valeu- » reux chevaliers du moyen-âge, ils se sont mis à la tête du mouvement » au cri de « *Dieu le veut !* » Aujourd'hui, mes Frères, nous avons » la consolation d'assister à leur triomphe : car, n'est-ce pas un vrai » triomphe d'avoir pu grouper, autour du Saint-Sépulcre, des centaines de » pélerins venus de toutes les parties du monde, pour exalter l'auguste » Victime sur le théâtre même de ses souffrances et de ses humiliations ? » *(Exorde de l'allocution prononcée par le T. R. Père Jérôme, vicaire custodial de Terre-Sainte, à la réception des pélerins de la pénitence, à la basilique du Saint-Sépulcre, le 7 mai 1893.)*

(4) « La grotte de N.-D. de Lourdes, à Jérusalem, aura sur toutes les » grottes construites dans le monde entier, à la gloire de l'Immaculée » Conception, le privilége incontestable et non moins incomparable d'être » l'œuvre exclusive de mains sacerdotales, celles de M. l'abbé Vachia, l'in- » fatigable et habile maçon de la sainte Vierge. » — Extrait de l'allocution prononcée par le R. P. Bailly, le 30 mai 1884, à la cérémonie de l'inau- guration de cette grotte, cérémonie présidée par Sa Béatitude le patriarche latin de Jérusalem, Sa Grandeur Monseigneur Vincent Bracco, lequel, quelques mois plus tard, récompensa l'abbé Vachia, en le nommant chevalier de l'ordre pontifical du Saint-Sépulcre.

dictus qui venit in nomine Domini : Hosanna in excelsis (1).
Et une foule innombrable (plus de 100,000 personnes), *se
pressant comme à un jour de fête, s'écriait à la vue du cardinal : Béni soit celui qui vient au nom du Seigneur :
Hosanna au plus haut des cieux....* Et, dans la personne de
son légat, *le grand Pape* passait, souriant à cette multitude,
qu'il bénissait avec une émotion qu'il ne pouvait contenir en
son cœur de père. « *Gloire, louange et honneur vous soient
donc rendus, ô Jésus, notre Roi, notre Sauveur, dont les
enfants ont célébré aujourd'hui le triomphe par de saints
cantiques. — Gloria, laus et honor tibi sit, Rex Christe,
Redemptor, cui puerile decus prompsit Hosanna pium* (2).
— Et nous aussi, enfants privilégiés de France, de Belgique,
d'Italie, de Suisse ou d'Amérique, nous étions là, « *avec nos
prières, avec nos vœux, avec nos chants : cum prece, voto,
hymnis adsumus ecce tibi* (3). » — Et nous sentions que les
vœux et les acclamations de ce peuple *vous étaient agréables :
ô Jésus, notre Roi, roi de bonté, roi de clémence, soyez touché
de notre piété et de notre dévotion. Hi placuere tibi : placeat
devotio nostra, rex bone, rex clemens, cui bona cuncta placent* (4).

. . . .

Vous parlerai-je de nos solennités eucharistiques !......: de
ces séances si mouvementées et tout à la fois si empreintes de
courtoisie et de charité chrétiennes !

Laissez-moi vous lire une page de ce magnifique discours
de clôture, du cardinal-légat (20 mai 1893), à Sainte-Anne
— « Ah ! vénérables Frères (il s'adressait plus spécialement
» aux trente évêques groupés autour de lui), que nous est-il
» donné en ce moment d'ouvrir les portes de cette enceinte,
» pour faire entendre notre voix aux multitudes chrétiennes
» dispersées sous le ciel d'Orient ; qui, baptisées dans la même
» foi du Christ, ont oublié ce vœu de son cœur : « *Dans mon
» Eglise, un seul bercail, un seul Pasteur* » ! Nous leur dirions
» avec l'Apôtre : « *Obsecro vos, fratres, per nomen Domini
» Nostri Jesu Christi* (5). *Nous vous en conjurons, Frères bien-
» aimés, soyez unanimes dans votre foi, et qu'il n'y ait point
» de divisions parmi vous ; demeurez unis dans un même
» esprit et dans un même sentiment : ut idipsum dicatis*

(1) Office du dimanche des Rameaux.
(2) *Ibid.*
(3) *Ibid.*
(4) *Ibid.*
(5) I Cor., ɪ, 10.

» *omnes* (1)... *sitis autem perfecti in eodem sensu et in eâdem*
» *sententiâ !* — *Pourquoi vous réclamer, comme vous le faites,*
» *de Paul, d'Apollo ou de Céphas ! Divisus est Christus* (2) ?
» *Est-ce que le Christ peut être ainsi divisé ? Est-ce que le*
» *calice de bénédiction où vous trempez vos lèvres avec nous*
» *n'est pas son propre sang, et le pain que nous partageons,*
» *son corps ? Calix benedictionis, cui benedicimus, nonne*
» *communicatio sanguinis Christi est ? et panis quem fran-*
» *gimus, nonne participatio corporis Domini est* (3) ? — *Et*
» *alors, puisque nous sommes nourris du même pain, par le*
» *Père commun qui est au ciel, n'est-il pas évident que nous*
» *ne faisons qu'un seul et même corps dans le Christ Jésus ?*
» *Quoniam unus panis, unum corpus multi sumus, omnes*
» *qui de uno pane participamus* (4) ?

» *Qu'importe si les races diffèrent et si les langues varient !*
» *Le corps maintient son unité dans la diversité de ses mem-*
» *bres : omnia membra corporis, cùm sint multa, unum*
» *tamen corpus sunt* (5). *Ainsi en est-il de l'Eglise, qui est le*
» *corps du Christ : ità et Christus ! Car le Créateur a disposé*
» *le corps de l'homme de telle façon que les membres, reliés*
» *entre eux dans une parfaite harmonie, se prêtent un*
» *mutuel appui : Deus temperavit corpus ut non sit schisma*
» *in corpore, sed idipsum pro invicem sollita sint membra* (6).
» *Or, nous sommes, vous êtes, les membres du Christ : Vos*
» *autem estis corpus Christi* (7)!... *Non, pas plus que le*
» *Christ, l'Eglise ne peut être divisée ! A l'inverse de la*
» *synagogue, qui était essentiellement nationale, elle ne peut*
» *être circonscrite aux limites d'une province ou d'une*
» *nation ; et puisque ces deux mots ont personnifié jadis*
» *l'Orient et l'Occident, elle n'est pas* GRECQUE, *elle n'est pas*
» LATINE : *elle est* CATHOLIQUE ! *universelle comme la paternité*
» *divine et comme la Rédemption du Christ ! Mais elle se*
» *plie admirablement aux tempéraments divers des peuples*
» *qu'elle appelle dans son sein. Elle se fait, avec l'Apôtre,*
» TOUT A TOUS, *pour les sauver tous : « Omnibus omnia factus*
» *sum, ut omnes facerem salvos* (8)...

» Fasse donc le ciel, vénérables Frères, que ces solennités
» eucharistiques, ces assemblées pacifiques, où l'Orient et

(1) I Cor., i, 10.
(2) *Ibid.*, i, 13.
(3) *Ibid.*, x, 16.
(4) *Ibid*, x, 17.
(5) *Ibid.*, xii, 12.
(6) *Ibid.*, xii, 25.
(7) *Ibid.*, xii, 27.
(8) *Ibid.*, ix, 22.

» l'Occident se sont rencontrés dans un mutuel amour, pour
» mettre en commun leurs traditions et confondre leurs vœux,
» fasse le ciel qu'en attirant l'attention du monde sur la doc-
» trine des Apôtres, en ranimant la dévotion au Très-Saint-
» Sacrement et en excitant les peuples à la prière, elles
» deviennent pour ce pays une source de bénédictions !...
   » Puisses-tu retrouver, ô terre d'Orient, ton antique splen-
» deur, ta merveilleuse fécondité : *Det tibi Deus de rore cœli,*
» *et de pinguedine terræ, abundantiam frumenti et vini* (1) !
» Mais surtout : *Suscipe benedictionem quam attuli tibi et*
» *quam donavit mihi Deus tribuens omnia* (2), reçois la
» bénédiction que je t'apporte et que m'a confiée pour toi, au
» nom du Dieu qui dispense tous les biens, son Pontife, le
» représentant de sa paternité, l'immortel Léon XIII ! »

En retraçant ici les dernières paroles du grand cardinal, je sens
l'espérance grandir dans mon cœur de prêtre romain, et pour
un peu je chanterais déjà le cantique de l'action de grâces : du
moins je veux redire ici les gloires de ma mère la sainte Eglise,
et certes, c'est bien le jour de le faire, en cette glorieuse fête de
saint Pierre et de saint Paul.

> O Roma felix, quæ duorum principum
> Es consecrata glorioso sanguine :
> Horum cruore purpurata cœteras
> Excellis orbis una pulchritudines (3).

« O heureuse Rome, toi qui as été consacrée par le martyre
» glorieux des deux Princes des Apôtres, et empourprée de
» leur sang, quelle ville de l'univers pourrait lutter de beauté
» avec toi ! »

Aussi bien, « que toute division cesse : Latins et Grecs,
» Arméniens et Coptes, applaudissez tous dans les transports
» d'une commune allégresse : ne soyez plus désormais qu'une
» seule Eglise. »

> Cesset vetus discordia :
> Communi plaudant gaudio;
> Una fiant Ecclesia
> Gentes et circumcisio (4).

Et alors notre joie à tous sera sans mélange : *Ecce quàm*
bonum et quàm jucundum habitare fratres in unum (5) !

---

(1) Gen., XXVII, 28.
(2) *Ibid.*, XXXIII, 11.
(3) Hymne de la fête de saint Pierre et de saint Paul.
(4) Prose de la fête de saint Pierre et de saint Paul.
(5) Psaume CXXXII, 1.

O vous, Pontifes catholiques de l'Orient, qui, dans la grande œuvre de l'union qui remplit nos âmes, étiez hier, à Jérusalem, le principe de notre espérance, soyez, demain, nos plus précieux auxiliaires : « *Frater qui adjuvatur a fratre, quasi civitas firma* (1), et un jour, sur les ruines du schisme vaincu, nous chanterons les triomphes du pélerinage eucharistique de Jérusalem, de « *cette rencontre pacifique et solennelle de l'Orient* » *et de l'Occident dans la même foi et dans les mêmes* » *prières, près des autels du même agneau* (2) ».

Permettez, vénérés Confrères, de citer ici la dernière partie du discours, vraiment magistral, que vient de prononcer le R. P. Edmond, le 26 juin dernier, aux fêtes du cinquantenaire de la fondation des PP. Augustins de l'Assomption : ce sera pour nous l'occasion de saluer de loin la statue de leur savant et saint fondateur, le R. P. d'Alzon :

« Le P. d'Alzon n'a pas vu sur la terre les splendeurs de
» notre congrès eucharistique ; mais il en avait, pour ainsi
» dire, deviné la première aurore. Il lui semblait que le schisme
» avait subi un assez long supplice, que l'heure allait venir des
» grands et merveilleux retours, que l'Orient allait refleurir
» en se replaçant dans la lumière de Dieu et sur les rayons du
» suprême Pontificat ; il avait conduit les premiers pélerinages
» français à Rome ; il avait béni ceux de la Salette, de Lourdes
» et du mont Saint-Michel ; il annonçait ceux de Jérusalem et
» il en parlait avec des tressaillements d'espérance. Dieu,
» disait-il, veut ces solennelles démarches des peuples les uns
» vers les autres, pour préparer le règne de l'unique pasteur,
» sur l'universel troupeau.

» Et, en terminant ce même discours de 1863 sur Rome,
» Constantinople et la France, il résumait sa pensée dans une
» seule phrase : il disait : Je voudrais vous avoir démontré que
» *la résurrection de l'Orient ne peut venir que d'une parole*
» *sortie de Rome et portée sur les ailes de la France.*

» Ici, je vous prends à témoin, Monseigneur (3), vous une
» des lumières de l'Orient catholique, disciple de saint Ephrem,
» héritier de toutes les saintes traditions de l'Eglise de Syrie,
» pontife de cette Babylone antique, qui s'étonne de voir au
» pied de la vieille tour de l'orgueil, l'autel de l'Agneau s'im-
» molant entre vos mains, et vainqueur des siècles par son
» sacrifice.

(1) Proverbes, XVIII. 19.
(2) Discours du R. P. Edmond, Assomptionniste, le 10 février 1893, à Orléans.
(3) Sa Grandeur Monseigneur Rahmani, le sympathique et éloquent archevêque de Bagdad.

» Je vous prends à témoin ; lorsque dans votre Chaldée vous
» avez entendu l'écho de la voix de Léon XIII invitant tous les
» peuples d'Occident à gravir la sainte montagne, sous la
» conduite d'un prince de l'Eglise romaine, pour adorer, près
» du cénacle, le Dieu de l'Eucharistie, et lorsque, regardant de
» loin comme Elie du haut du Carmel, vous avez vu la proces-
» sion des Croisés s'avancer sur la terre et sur les flots, du
» Vatican à la montagne de Sion, avec ses croix dressées et ses
» bannières flottantes, et ses autels parfumés et ses pontifes
» venus de l'Ancien et du Nouveau-Monde, et lorsque, dans le
» légat du Saint-Siége, vous avez reconnu l'archevêque de
» Reims, baptistère et berceau de la France, lorsque sur nos
» deux vaisseaux de pèlerins vous avez vu flotter le pavillon
» de France, lorsque dans ces assises doctrinales, où vous avez
» pris une part brillante, vous avez entendu les évêques et les
» théologiens de l'Orient et de l'Occident parler tous, si volon-
» tiers, comme par instinct et par amour, *la langue de la*
» *France*, est-ce que les espérances et les joies de votre cœur
» d'apôtre ne se traduisaient pas exactement par la phrase du
» P. d'Alzon : « La résurrection de l'Orient viendra et elle
» commence à venir de cette parole sortie de Rome et portée
» sur les ailes de la France. »

. . . .

Maintenant, Messieurs et chers Confrères, qu'il m'est doux
de rappeler à vos souvenirs ces messes pontificales, célébrées
successivement en différents rites, et dont la divergence même
des rites n'a fait qu'enflammer notre foi et raviver nos espérances !

Certes, je vous l'avoue, non, jamais je n'oublierai, en particulier, cet office grec célébré le 16 mai, en présence du cardinal-légat, dans la basilique de Sainte-Anne.

Un patriarche…, six évêques…, dix prêtres, disant la sainte
messe simultanément et au même autel !… consacrant ensemble une seule et même hostie ! Quel souvenir vivant du matin de
notre promotion au sacerdoce !… Nous aussi, à cette heure, heure
solennelle entre toutes, nous ne faisions qu'un corps et qu'une
âme avec l'évêque (*Ad multos annos !*) qui, un instant aupa-
ravant, nous avait faits *prêtres*, et voilà que déjà, avec lui,
nous immolions une seule et même victime : *ut sint comsum-
mati in unum* (1) ! — Quelle ampleur dans les cérémonies
du rite grec !… quelle richesse d'ornements !… quelle majesté
dans ce patriarche, le doyen des patriarches du monde catholique ! (2)… Quelle ravissante harmonie dans la prononciation,

(1) Joan., xvii, 23.
(2) Sa Béatitude *Joseph Grégorios Ier*, patriarche grec d'Antioche.

chantée, des paroles de la consécration !... Enfin, quel bel exemple d'humilité donné par tous ces prélats, par tous ces prêtres, venant tour à tour (après s'être communiés eux-mêmes sous l'espèce du pain) puiser à la même coupe (laquelle leur était présentée par leur père en Dieu) quelques gouttes du sang du divin Crucifié !... *Quàm dilecta tabernacula tua, Domine virtutum* (1). *Oh ! oui, Seigneur de toutes les vertus, que vos tabernacles sont beaux !* et que Pie IX avait bien raison d'affirmer « *que, loin d'affaiblir l'unité de la foi, la variété des rites permis tourne à la splendeur et à la majesté de l'Eglise* ».

« Bien plus, vénérables Frères (2), dans le concept catholique
» de l'Eglise, ce n'est point assez de dire que cette harmonieuse
» multiplicité des rites est acceptée, qu'elle est tolérée : *elle est*
» *nécessaire!* parce qu'elle répond, dans les différents pays, à
» des besoins impérieux ; qu'elle sauvegarde des droits acquis
» et qu'elle respecte des libertés nationales qui peuvent parfai-
» tement se concilier avec l'intégrité de la doctrine et le plein
» exercice de la discipline ecclésiastique. »
» Jésus-Christ, en effet, n'a pas soumis les destinées de son
» Eglise, aux vicissitudes de la vie temporelle des peuples ;
» mais il n'a pas non plus absorbé dans son Eglise l'autonomie
» des divers peuples qui la composent.
» De même que chacun des membres de l'homme, pour
» revenir avec saint Paul sur cette comparaison, a un orga-
» nisme particulier, en rapport avec les fonctions qui lui sont
» propres, ainsi chaque nation a sa constitution, son évolution
» sociale et politique, mais elle a aussi sa place, comme partie
» d'un tout, dans la collectivité des nations qui constituent le
» *corps social,* dont l'Eglise est l'âme sur la terre ; et c'est par
» l'Eglise que les nationalités entrent en participation des
» biens surnaturels dont elles ont besoin, comme les individus,
» pour être régénérées dans le Christ, et pour répondre, dans
» l'ordre social, aux desseins de la Providence... »

Mais voici qu'une voix se fait entendre, voix forte mais émue..... C'est la voix du Père qui veut bénir les siens. « *Sit nomen Domini benedictum.* » Oh oui, c'est bien le cas *d'exalter le nom du Seigneur.* . et sous nos yeux à moitié voilés par les larmes, larmes de joie indicible, tous ces patriarches, archevêques et évèques, *grecs, arméniens, maro-*

______

(1) Ps. LXXXIII, 2.
(2) Discours du cardinal à la séance de clôture du congrès eucharistique.

niles, syriens, chaldéens et bulgares, s'inclinent et profondément, sous la main, doublement paternelle, du Prince de
l'Eglise « *Benedictio... et maneat semper...* » et puis ils se
relèvent, mais cette fois pour attaquer la même note que nous
latins, et faire retentir l'*Amen* de l'espérance (1).

. . . .

Cependant Son Eminence est descendue de son trône, et
seule, sans appui comme sans escorte, elle s'avance, lentement,
au milieu du sanctuaire..... Le grand-prêtre d'Antioche l'aper-
çoit.. et, devinant sans doute sa démarche, vite il descend lui
aussi de son autel... Notre émotion est à son comble..., car voici
que l'*Occident* étreint sur son cœur de père, son fils aîné de
l'*Orient,...* et successivement chacun des officiants se présen-
tent aux embrassements du père de famille « *Pax tecum* (2). »

C'est Léon XIII affirmant publiquement et sans détour, son
violent désir de voir tous ses enfants réunis à la même table.
Desiderio desideravi hoc pascha manducare vobiscum (3);

C'est Jacob choisissant de nouveaux messagers, pour traiter
la paix avec son frère Esaü : *Cumque dormisset ibi nocte illâ,
separavit de his quæ habebat, munera Esaü fratri suo... et
misit per manus servorum suorum singulos seorsùm
greges* (4)..., et s'adressant au premier d'entre eux : « Si tu ren-
» contres, lui dit-il, mon frère Esaü et qu'il te demande qui tu
» es et où tu vas, ou bien à qui appartiennent les animaux que
» tu pousses devant toi, tu lui répondras : Ils appartiennent à
» votre serviteur Jacob, qui les envoie comme *présents* à Esaü,
» mon maître, et lui-même nous suit de près. » « *Et præcipit
priori dicens ; si obviàm habueris fratrem meum Esaü et*

(1) « Le Pape en m'écrivant sa lettre (du 18 novembre dernier) semble
» avoir voulu épuiser sa puissance et sa bonté : Et qui peut prévoir ce
» que notre bon maître daignera y ajouter de grâces et de bénédictions,
» au milieu des triomphes que Votre Grandeur lui prépare dans cette
» ville, témoin de ses humiliations et de sa mort ! Les Grecs, nos frères,
» ne seront-ils pas touchés, comme le fut l'apôtre saint Pierre, par un
» regard de Jésus qu'ils aiment eux aussi, mais ne savent pas suivre et
» reconnaître dans la personne de son vicaire ! » Lettre-circulaire du
cardinal Langénieux, 24 novembre 1892, à un certain nombre d'évêques,
pour les inviter au congrès eucharistique de Jérusalem.
(2) « Si vous me demandez, comme jadis les vieillards de Bethléem à
» Samuel, dans quel esprit je viens à vous : *Pacificusne est ingressus
» tuus ?* délégué de celui que l'histoire appellera le grand pacificateur des
» temps modernes, je vous répondrai avec le Prophète : *Pacificus ! ad
« immolandum Domino veni* (I Rois, xvi); je viens vous convier à rendre
» gloire à Dieu dans le Très-Saint Sacrement de l'autel, et vous redire
» les paternelles sollicitudes de Léon XIII, pour ces nobles églises qui
» gardent, sur la terre d'Orient, les saintes traditions du passé. *Gloria
» Deo... pax hominibus.* « (Discours du cardinal à l'ouverture du congrès.)
(3) Luc, xxii, 15.
(4) Gen., xxxii, 13-16.

*interrogaverit te : Cujus es ? Aut quó vadis ? respondebis :
Servi tui Jacob, munera misit Domino meo Esaü ; ipse quoque
post nos venit* (1). »

Avouons-le, nous pélerins français, en cette heure de suprêmes
consolations, nous étions fiers de *notre* archevêque ; je dis
notre, car ce n'était plus seulement l'archevêché de Reims qui
présentait à l'Orient *la branche d'olivier...*, c'était l'archevêque
de *notre* France toute entière.

Et certes, l'illustre cardinal réalisait bien, en cette circonstance,
la promesse qu'il faisait naguère, en sortant du Vatican : « *Je
pars pour l'Orient, et ce que je retiens du titre qui m'a été
conféré, c'est que j'y apporte le cœur du Pape.* » Non, vraiment, Léon XIII, avec son regard pénétrant qui sonde les
abîmes, ne pouvait faire un meilleur choix.

Aussi bien, comment ne point espérer le retour prochain de
l'enfant prodigue ! *Currens itâque Esaü obviam fratri suo
amplexatus est eum ; stringensque collum ejus et osculans
flevit* (2). Oh ! alors, nous aussi, nous pleurerons de joie, et
volontiers nous céderons la première place aux nouveaux Lazare
ressuscités. *Quia major serviet minori* (3) — (4).

. . . .

Comment décrire l'éclat de nos processions du Saint-Sacrement, avec leurs trente pontifes et leurs quatre cents prêtres !...
Comment exprimer ce qui se passait en nos cœurs de Français,
alors que nous prenions part à cette dernière et si magnifique
procession, au soir de la clôture du congrès ! — Elle se dé-
roulait au couvent des Dominicains ; et là nous foulions un sol
empourpré du sang du *premier martyr ;...* nous cotoyions
l'enceinte d'une chapelle bâtie par les Croisés, en avant de
l'ancienne basilique du diacre saint Etienne, chapelle et basilique aujourd'hui complètement détruites, mais dont nous
pouvions, en passant, admirer encore le *pavé*, si providentiel-
lement conservé, avec ses mosaïques du plus bel effet... Au-
dessus de nos têtes flottaient de splendides drapeaux, aux
couleurs nationales ; ils avaient été, à dessein, apportés de
France par votre serviteur. Sur l'un deux, mesurant plus de
quinze mètres de surface, brillait une grande croix aux couleurs
pontificales, et autour de laquelle nous pouvions saluer cette
affirmation de notre foi et de notre patriotisme :

Catholiques et Français... toujours !

(1) Gen., 17-18.
(2) *Ibid*, XXXIII, 4.
(3) Rom., IX, 13.
(4) Voir page 33 un extrait du discours prononcé à Orléans, le 10 février
1893, par le R. P. Edmond, des Augustins de l'Assomption.

Sur un autre, portant une tiare, nous lisions cette légende (puisse-t-elle être pour notre patrie, toujours une vérité incontestée !) : *O France, ma patrie, souviens-toi que tu es la fille aînée de l'Eglise* (1).

Et nous étions *là*, à Jérusalem... *là* près du Cénacle... *là* près du Calvaire ! Que dis-je ! un instant nous nous sommes crus en France (n'étions-nous pas dans un monastère français !), et facilement on nous eût surpris les regards fixés sur l'Hostie sainte que tenait en ses mains l'Ange de l'église de Liége... Frères ! que nous étions heureux dans ces transports du plus sublime contentement ! Mais, voici que tout-à-coup, nos yeux se sont trouvés remplis de larmes, larmes amères s'il en fut, tant notre cœur était entré subitement en une sorte d'agonie !.. Ah ! c'est qu'en ce moment de poignante tris- tesse, moment où les pélerins des autres nations pouvaient être tout à la joie, nous, enfants de France, nous pensions *plus chrétiennement* à la patrie absente, à cette patrie qui peut-être dans quinze jours, pour célébrer notre retour, nous refusera le droit (droit cependant inaliénable) de rendre, *chez nous*, au Dieu de l'Eucharistie, les honneurs que nous lui rendions, à cette heure, et si librement, *sur une terre étran- gère*, pour ne pas dire *ennemie* (2). Et alors nous avons pleuré, « *et flevimus, cum recordaremur Sion* (3). » Cependant, au milieu de nos larmes, nous avons invoqué le Seigneur, en lui adressant cette prière du Christ expirant : « *Pater, dimitte* » *illis ; non enim sciunt quid faciunt.* » « *Mon Père, par-*

(1) Sur un troisième drapeau, j'avais reproduit, autour d'un cœur, cet espoir de mon âme : *O France, ma patrie, un jour tu triompheras par le Sacré-Cœur.*

Sur un quatrième, portant une croix d'or, nous pouvions saluer aussi cette affirmation de notre espérance : *O France, ma patrie, par ce signe tu vaincras.*

Enfin sur un cinquième était gravé le monogramme de la sainte Vierge avec ces paroles : *O France, ma patrie, souviens-toi que tu es le royaume de Marie.*

Une sixième bannière manquait à l'appel : c'était celle de saint Joseph : je l'avais oubliée : Elle eût été pourtant si bien à sa place ! Mais nous n'avons pas, pour cela, oublié le chef de la Sainte-Famille. D'ailleurs, nous eûmes, du- rant notre pélerinage, bien des occasions d'appeler à notre aide l'*avocat des causes difficiles*, et certes, notre confiance fut toujours couronnée de succès.

(2) Ecoutons le Père Jérôme au Saint-Sépulcre, 7 mai 1893 : « Permettez- » moi, mes Frères, de saisir cette occasion pour rendre un public hommage » de reconnaissance et d'admiration, à Sa Majesté Impériale, le sultan » Abd-ul-Hamid, glorieusement régnant. Grâce à son esprit large et conci- » liant, les barrières qui séparaient l'Orient de l'Occident sont tombées, et » les chrétiens, à quelque nation qu'ils appartiennent, peuvent, à l'ombre » du croissant, arborer le drapeau de la Croix, et proclamer hautement » leur foi. » — Quel contraste !

(3) Psaume cxxxvi, 1.

» *donnez-leur, car ils ne savent ce qu'ils font* (1). » Ah !
sans doute, ô mon Dieu, notre patrie s'est déjà rendue bien
coupable en enchaînant le *Jésus* de notre baptème, le *Jésus* de
notre première communion, le *Jésus* de notre mort, le *Jésus*
de notre éternité, au roc de son tabernacle eucharistique...
en interdisant à *son prêtre* de le porter en procession, et en
élevant ainsi une barrière infranchissable devant les pas d'un
père, pourtant si désireux de visiter et de bénir ses enfants...
Mais, *ô vous qui signalez votre puissance, surtout par la
miséricorde et le pardon, répandez sur notre mère bien-
aimée, de plus en plus les richesses de votre bonté, afin que,
soupirant enfin après les biens célestes que vous nous avez
promis, elle en obtienne de vous la jouissance* : « *Deus qui*
» *omnipotentiam tuam parcendo maximè et miserando*
» *manifestas; multiplica super nos misericordiam tuam, ut*
» *ad tua promissa currentes, cœlestium bonorum facias esse*
» *consortes* (2). »

Telle était notre prière, et certes elle était ardente, sur cette
terre arrosée du sang du Rédempteur... Mais, hélas! la
conversion d'un *autre Saul* n'a point été obtenue!... Cette
année encore, des municipalités de plus en plus opiniâtres,
renouvelant pour ainsi dire les scènes du prétoire, et crachant
en quelque sorte au visage de la divine Victime, lui ont dit,
dans la personne de *son prêtre*, peut-être même de son
Pontife : « Tu n'iras pas plus loin... nous sommes seuls maîtres
ici... (!) » Vraiment, il y a des circonstances où la raison humaine
a pour sœur la *folie*... Grand Dieu! qu'allons-nous devenir ?
Encore une fois, « *Seigneur, que les oreilles de votre miséricorde soient enfin ouvertes aux prières de ceux qui vous
implorent et accordez-nous ce que depuis si longtemps nous
vous demandons* : « *Pateant aures misericordiæ tuæ, Domine,
precibus supplicantium ; et petentibus desiderata conce-
das* (3). »

Oui, ô mon Dieu, écoutez favorablement nos prières et, par
la grâce de votre visite, dissipez les ténèbres qui semblent
vouloir envelopper notre pauvre patrie. *Aurem tuam, quæ-
simus, Domine, precibus nostris accommoda ; et mentis nostræ
tenebras, gratiâ tuæ visitationis, illustra* (4).

O vous qui *avez fait les nations guérissables* (5), montrez que
dans votre cœur *la miséricorde l'emporte sur le jugement* (6).

(1) Luc, XXIII, 34.
(2) Oraison du Xe dimanche de la Pentecôte.
(3) Oraison du IXe dimanche de Pentecôte.
(4) Oraison du IIIe dimanche de l'Avent.
(5) *Et sanabiles fecit nationes.* (Sap., I, 14.)
(6) *Superexaltat autem misericordia judicium.* (Jac., II, 13.)

Et alors, Seigneur, notre reconnaissance sera éternelle. *Misericordias Domini in æternum cantabo* (1). . . . .

. . . .

. . . .

Voilà bientôt un mois, vénérés Confrères, que nous sommes rentrés dans nos paroisses et dans nos foyers ; à peine en avions-nous franchi le seuil qu'on nous interrogea! *Dic nobis, Maria , quid vidisti in viâ* (2) ? Les apôtres eux-mêmes n'avaient-ils pas interrogé Marie-Madeleine ? « Dites-nous, ô pasteur de nos âmes, ce que vous avez vu durant votre pélerinage ? »

Ah ! sans doute, nous avons pu bégayer quelques phrases... intéresser, même beaucoup, nos paroissiens, nos amis, *notre vieille mère ;*... mais... rendre notre pensée... exprimer nos sentiments... redire nos impressions telles qu'elles s'étaient produites *là-bas,* en notre âme de pélerins de l'Eucharistie... *jamais !* Que de fois même de gros soupirs, venant spontanément étouffer notre voix, étaient toute notre réponse... et alors... qu'il nous tardait d'être seuls pour pouvoir, à notre aise, pleurer un instant, au souvenir des merveilles que nous avions vues à Sion !... La patrie elle-même était devenue pour nous *l'exil.* « *Quomodo cantabimus canticum Domini, in* » *terrâ alienâ* (3) », et alors *comment pouvoir chanter le cantique du Seigneur sur une terre qui ne veut plus être la nôtre...* c'est-à-dire *chrétienne,* et puis, saisissant notre crucifix béni sur le Calvaire pour le baiser avec amour, nous nous sommes écriés, comme les Hébreux sur le chemin de la captivité : *Que ma langue s'attache à mon palais si jamais je t'oublie, ô Jérusalem, ou si jamais tu cessais d'être le principe de ma véritable joie* : « *Adhæreat lingua mea faucibus* » *meis, si non meminero tuî, Jerusalem ; si non proposuero* » *Jerusalem in principio lætitiæ meæ* (4). »

. . . .

En finissant, vénérés Frères, je veux, avec une simplicité qui ne saurait vous déplaire (5), vous redire quelques-unes des paroles que j'ai dû, comme malgré moi, prononcer, sous forme

(1) Ps. LXXXVIII, 1.
(2) Prose de Pâques.
(3) Psaume CXXXVI, 4.
(4) *Ibid.,* 6-7.
(5) *Simplici ex corde invicem diligite.* (Pet., I, 22.)

de toast, à Notre-Dame de France, l'avant-veille de notre départ, c'est-à-dire, au beau soir de la Pentecôte :

« MESSEIGNEURS (1),
» MESDAMES
» ET MESSIEURS,

» Ne vous étonnez pas trop si vous voyez en ce moment un » ancien pélerin, un pélerin de 1884, tout prêt à vous adresser » quelques paroles. Certes, mieux que personne il sent tout à » la fois son impuissance et son indignité. Aussi bien, à ceux » qui me sollicitaient à monter dans cette chaire, j'ai dû, tout » d'abord, répondre comme le Prophète : « *Ecce nescio* » *loqui* (2) : » *Je ne sais point parler* ; mais, sur les instances » réitérées de ces mêmes confrères, je me suis décidé. — Du » reste (pourquoi le cacherai-je ?) la position qui m'est faite » en ce moment, je veux dire, l'autorisation, trop bienveillante, » qui m'a été donnée, de vous parler un instant, répond direc- » tement à un besoin irrésistible d'un cœur profondément » ému et sincèrement édifié (et il n'est pas le seul), d'un » dévouement que les difficultés (et vous savez si cette année, » elles se sont présentées nombreuses et insurmontables !) » n'ont jamais pu ni vaincre, ni même amoindrir.

» Et je m'adresse, à cette heure, heure si prochaine de celle » de la séparation, plus spécialement au R. P. Bailly : et » Messieurs, vos applaudissements me prouveront, tout à » l'heure, que ma chétive voix a trouvé un écho naturel et » vibrant dans vos cœurs, parce que j'aurai dit la vérité.

» Mon Révérend Père — On lit ce trait touchant dans la vie » de saint François de Sales, l'ami de votre glorieux patron, » saint Vincent de Paul, de saint François de Sales, auquel » vous me semblez avoir emprunté, plus parfaitement une vertu : » je vais dire laquelle.

» Lorsque le pieux évêque quittait Dijon, après son admirable » Carême de 1604, une vieille tante de sainte de Chantal, » perdue dans la foule, lui reprochait bruyamment d'avoir » commis un larcin d'un nouveau genre : celui « *d'avoir ravi* » *et d'emporter les cœurs* », et le pieux évêque d'Annecy » reconnaissait, de bonne grâce, qu'en effet il était venu à » Dijon, pour « *prendre les cœurs* ».

» Je ne sais, mon Père, si vous avouerez le même dessein, » j'allais dire, le même méfait, à la clôture de votre mission à

(1) Huit évêques assistaient à ce dîner.
(2) Jer., I, 6.

» Jérusalem. — Mais, nos Eminentissimes Seigneurs, mais
» nous, vos Frères dans le sacerdoce, mais tous ces pieux
» pélerins que vous avez évangélisés, en un mot, tous ceux
» qui vous ont entendu et qui vous ont vu à l'œuvre, porteront,
» que dis-je ? portent certainement déjà contre votre personne,
» la même accusation. Voyons, Messieurs, n'est-ce point la
» vérité ?

» Et, qui plus est, mon Père, nous avons en nos mains,
» toutes sortes de preuves pour soutenir cette accusation.
» Toutefois, rassurez-vous : je n'ai nullement la volonté de
» mettre à jour le dossier du procès ; au reste, ce serait
» peine perdue : une condamnation ne vous amenderait guère,
» je crois : il y a des défauts dont on ne se corrige *jamais*.
» Et voilà pourquoi, Messeigneurs, voilà pourquoi, Messieurs,
» j'ai bien peur, *oui* bien peur, qu'il en soit partout ainsi, à
» Paris comme à Jérusalem, à Lourdes comme à Paray-le-
» Monial, à la Salette comme à Pontmain.

» Aussi, quand semblable accusation se produira sur de
» nouveaux théâtres, par exemple, aux fêtes de l'inauguration,
» en France, des quatre croix à l'ombre desquelles nous avons,
» nous pélerins de 1893, effectué notre ascension au Calvaire...
» oh ! alors, mon Père, *vraiment* nous ne saurions la démentir,
» cette accusation ; *non, vraiment*, nous ne pourrons point
» vous défendre !

» Lorsque Monseigneur Pie quittait Chartres pour monter sur
» le siége de Poitiers, un vénérable ecclésiastique, qui avait plu-
» sieurs fois refusé l'épiscopat, recommandait tout paternelle-
» ment au jeune prélat, de travailler *surtout à cordialiser ses*
» *diocésains.*

» Messeigneurs et Messieurs, je porte la santé de notre chef
» bien-aimé, de ce père vénéré qui a reçu de Notre-Seigneur
» un don, éminent entre tous, le don de savoir si bien *cordia-*
» *liser* tous ceux qui l'approchent ; et puis, si vous le voulez
» bien, tous ensemble, dans un même élan d'amour et de
» reconnaissance, poussons vers le ciel, à l'adresse de la jeune
» et déjà si puissante phalange des Pères Assomptionnistes, ce
» cri des Pontifes nouvellement sacrés : *Ad multos annos !*

» Oui, quelle vive longtemps, bien longtemps, cette race des
» forts d'Israël, et que, pour la gloire de l'Eglise et le salut de
» la France, elle devienne bientôt ce grand arbre dont parle la
» sainte Ecriture, et à l'ombre duquel viendra se grouper et
» grandir, la future et vaillante armée des conquérants pacifi-
» ques du tombeau du Christ ! *Ad multos annos !* »

. . . .

Ces lignes, Messieurs, vous aimerez à les relire au sein des familles qui vous sont confiées, offrant ainsi à ceux qui ont été si satisfaits et si consolés de votre heureux retour, et en même temps si émerveillés des choses que vous leur avez dites de Jérusalem, l'occasion de témoigner, eux aussi, dans un élan du cœur à Dieu, leur vive et respectueuse gratitude à tous ces bons religieux de l'Assomption, dont l'activité dévorante, les attentions si délicates et les soins si assidus ont su nous ménager un pélerinage aussi complet.

Et puis, certes, ne craignez pas, *ne craignons pas* de proclamer, hautement et en toutes circonstances, que c'est aux Assomptionnistes, après Dieu, que nous devons l'inappréciable bonheur et l'inénarrable consolation d'avoir vu Rome et Jérusalem !

Incontestablement, ils ont fait là une grande œuvre, *opus namque grande est* (1), et si je ne craignais de blesser leur modestie, volontiers je leur appliquerais la louange que Dieu adressait un jour à David, par la bouche de son prophète *Nathan* :

Hæc dicit Dominus exercituum : Ego tuli te... ut esses dux super populum meum Israël, et fui tecum in omnibus ubicumque ambulasti... fecique tibi nomen grande juxta nomen magnorum qui sunt in terrâ (2).

Puissions-nous, l'année prochaine, voir quelques-uns de nos paroissiens, au souvenir des merveilles que nous leur aurons racontées, prendre à leur tour le bâton et la gourde de pélerin, et partir pour Jérusalem ! Qu'ils ne craignent rien ; ils trouveront à l'aurore de leur pélerinage, des guides expérimentés et actifs, dont l'affabilité proverbiale ne le cède en rien à un dévouement sans bornes : *Lætatus sum in his quæ dicta sunt mihi, in domum Domini ibimus* (3).

C'est dans l'espérance que *mes Impressions à Jérusalem* pourront un jour décider quelques prêtres à prendre, eux aussi, le chemin de la Terre-Sainte, que je vous prie, Messieurs et vénérés Confrères, d'agréer l'hommage de mon profond respect, avec la demande d'un petit souvenir au *memento* de vos saints sacrifices.

MARIE-JOSEPH-LAURENT VACHIA,

Chan. de Nazareth et chevalier du Saint-Sépulcre,
Pélerin de Jérusalem en 1884 et 1893.

---

(1) Par., XXIX, 1.
(2) 2 Reg., VII, 9.
(3) Ps. CXXI, 1.

LISTE

DES

PATRIARCHES, ARCHEVÊQUES, ÉVÊQUES, ABBÉS,

PRÉLATS ET DIGNITAIRES

QUI ONT PRIS PART AU CONGRÈS EUCHARISTIQUE

Sous la présidence du cardinal-légat, Son Eminence Mgr LANGÉNIEUX

Archevêque de Reims

14 mai-21 mai 1893.

Sa Béatitude Joseph Grégorios Ier, patriarche grec melchite d'Antioche.

Sa Béatitude Louis Piavi, patriarche latin de Jérusalem.

Sa Grandeur Mgr d'Outreloup, évêque de Liége (Belgique), président du comité de permanence des congrès eucharistiques.

Elias Hoyek, archevêque maronite d'Arca, vicaire patriarcal.

Gabriel-Joseph Adam, archevêque chaldéen de Kerkouk (Kurdistan).

Ephrem-Louis Rahmani, archevêque syrien de Bagdad (Turquie d'Asie).

Joseph Debs, archevêque maronite de Beyrouth.

Charles-Laurent Sampirio, archevêque latin de Vercelli (Italie).

Clément-Jean Mamarbachi, archevêque syrien de Damas.

Edmond Stonor, archevêque (anglais) de Trébizonde.

Basile Aggiar, archevêque grec de Saïda.

Nemat-Allah Selouam, archevêque maronite de Chypre.

Etienne-Jean Mourad, archevêque de Heliopolis (Syrie).

P. Menini, archevêque de Philolopolis.

Théophile-Antoine Kantelaphte, archevêque syrien, *in partibus*, de Tripoli et vicaire patriarcal pour les Syriens de Beyrouth.

Euthymios Zoulhof, archevêque grec de Tyr.

Louis de Gœsbriand (Français), premier évêque de Burlington, aux Etats-Unis.

Michel Petkoff, évêque bulgare-uni de Thrace (Andrinople).

P. Geraïgiry, évêque grec de Banéas.

Nicolas Cadi, évêque grec de Bosra et Hauram, en Syrie.

Paul Terzian, évêque arménien d'Adana.
Michel Castelli, évêque latin de Tinos (îles Ioniennes).
Ignace Montès de Oca, évêque de Saint-Louis, au Mexique.
Léonard Haas, évêque de Bâle et de Lugano, en Suisse.
P Appodia, évêque auxiliaire du patriarche latin de Jérusalem.

———

P. Benoît Malaïni, abbé général des moines maronites Baladites.
Arsenius Pellegrini, abbé de Sainte-Marie Grotta Ferrata, consulteur de la sainte Congrégation de la Propagande et abbé général des moines basiliens de la Palestine.
Fintan Mandwiles, abbé bénédictin de Saint-Meinrard (Amérique septentrionale).
Frowinus Conrad, abbé bénédictin de la Conception, État de Missouri, dans l'Amérique du Nord.
Marie-Augustin, abbé de la Trappe d'Igny, au diocèse de Reims.
Marie-Émile, prieur claustral de la Trappe de Notre-Dame des Sept-Douleurs, à El-Athroum, en Syrie (dernière fondation des Trappistes de Sept-Fonts).
Msr Péchenard, protonotaire apostolique, vicaire général du cardinal Langénieux.

———

M. Malloux, vicaire général à Jérusalem.
M. Félix Guillibert, vicaire général d'Aix.
M. C. Redon, vicaire général d'Avignon.
M. L. Butot, vicaire général de Reims.
M. Léon Dubois, chanoine titulaire de la cathédrale de Liége.
M. Aldebert, curé de la cathédrale de Rodez.
R. P. Charmetan.
R. P. Claussade, supérieur général du tiers-ordre de Saint-François.
M. Jaspard, chanoine honoraire de Jérusalem et de Cambrai.

———

Ad multos annos !

———

JUBILÉ ÉPISCOPAL

DE SA SAINTETÉ LÉON XIII

AUDIENCE DU PÉLERINAGE INTERNATIONAL DE TERRE-SAINTE

15 avril 1893.

ADRESSE DU R. P. PICARD

Très-Saint-Père,

Les paroles de Votre Sainteté sont toujours fécondes en victoires.

Il y a douze ans, je me permettais de soumettre à Votre Sainteté le projet d'un pélerinage populaire de pénitence à Jérusalem. L'entreprise était difficile. Elle passait même pour audacieuse et téméraire. Malgré sa témérité, Votre Sainteté daigna la bénir et la combler de faveurs. Aussitôt les obstacles tombèrent comme d'eux-mêmes et plus de mille pélerins se précipitèrent joyeux vers la Terre-Sainte. On leur annonçait qu'ils mourraient tous ; ils revinrent tous bien portants. Depuis lors, Jérusalem attend, chaque année, avec une joyeuse impatience le retour des pélerins de la pénitence, et voilà douze ans que les pélerins répondent aux espérances des catholiques de Palestine. Grâce à Votre Sainteté, l'œuvre est fondée.

Votre parole est encore victorieuse aujourd'hui, Très-Saint-Père ; Elle donne à notre pélerinage de pénitence une grandeur nouvelle ; Elle en fait un pélerinage eucharistique et unit le monde entier en un même acte de solennelle réparation et d'immense amour.

La pensée de Votre Sainteté a été comprise et de toutes parts accourent les pélerins, heureux de manifester sur la terre du Christ, leur amour pour la divine Eucharistie et leur ardent désir d'unité.

L'Orient s'unit à l'Occident. Sous la conduite de leurs évêques, des catholiques de la Syrie, de l'Egypte, de l'Asie se donnent rendez-vous avec les catholiques de la Turquie d'Europe, de la Belgique, de l'Angleterre, de la Suisse, de la

France et de l'Amérique, pour répondre à la confiance de Votre Sainteté, qui daigne les honorer d'un incomparable honneur, en leur donnant pour chef un cardinal de la sainte Eglise romaine, un légat de son auguste personne.

Ces pélerins viennent d'abord au centre de l'unité ; ils viennent à Rome, en vos fêtes jubilaires, pour vous dire leur admiration, leur dévouement et leur respectueuse tendresse.

Dans leur voyage à travers les mers, en Palestine, à Jérusalem, ils prieront, ils obéiront, ils souffriront, et si Dieu veut des victimes, ils sont prêts à mourir pour toutes les intentions de Votre Sainteté.

Parmi ces intentions, ils distinguent surtout celles qui regardent l'Orient.

Puissent les événements répondre aux sollicitudes de Votre Sainteté pour l'Orient !

Puisse le sacrement de l'unité accomplir et consommer l'unité, afin qu'il n'y ait qu'un seul troupeau et qu'un seul pasteur !

Puisse la Vierge toute sainte, et les anges et les saints protecteurs de l'Orient, docteurs, pontifes, martyrs, unir leurs supplications aux nôtres !

Puisse l'Orient reconnaître en nos solennités eucharistiques, en cette incomparable procession qui ira de Rome à Jérusalem, du tombeau des Apôtres au tombeau du Christ, un témoignage et comme une note visible des saintes expansions et de la vitalité puissante et véritablement divine de notre sainte Eglise catholique, apostolique et romaine !

RÉPONSE DE SA SAINTETÉ

Nous ne pouvons qu'être vivement touché, très-chers fils, des nobles et religieux sentiments que vous venez d'exprimer et qui, depuis douze ans, inspirent vos pieux pélerinages à Rome et à Jérusalem. Oui, ce Nous est une grande consolation de voir avec quelle persévérance, malgré tant d'obstacles, vous les renouvelez, chaque année, depuis que de tout cœur Nous en avons béni la première pensée. Dès-lors Nous Nous en promettions les plus heureux fruits, et l'expérience n'a pas déçu notre attente.

Déjà les prières publiques qu'annuellement vous faites monter au ciel des lieux mêmes où a prié le Sauveur, les actes de pénitence que vous accomplissez là où il a pleuré et souffert, ont attiré d'en haut des grâces précieuses, en réveillant l'esprit chrétien chez un grand nombre et en en fortifiant d'autres dans la pratique des solides vertus.

En Orient, la venue périodique de ces légions de pélerins, leur piété, leur maintien digne et recueilli, leurs bons exemples n'ont pas laissé de produire une impression très-salutaire, et contribuent puissamment à dissiper les antiques préjugés qui retiennent tant de chrétientés loin de l'unité catholique.

Vos pélerinages Nous apparaissent comme autant de pacifiques croisades pour reconquérir ces brebis errantes et les ramener au bercail, et ce caractère providentiel semble marquer plus particulièrement encore le pélerinage que vous faites en ce moment. Vous allez, cette fois, en Terre-Sainte dans le but spécial d'y célébrer, au lieu même de son institution, le sacrement de l'amour, qui est par excellence « le sacrement de l'unité, en lequel tous les chrétiens sont une même chose en Jésus-Christ (1) ».

Ce Congrès eucharistique de Jérusalem, en même temps qu'il augmentera chez les catholiques l'amour du Dieu de nos autels, sera pour les chrétiens séparés, une muette mais éloquente invitation à venir se fusionner avec vous, dans un seul et même sentiment de foi, d'espérance et de charité. C'est dans cette pensée et comme pour prendre une certaine part,

---

(1) *Eucharistia est sacramentum unitatis ecclesiasticæ, quæ attenditur secundum hoc quod multi sunt unum in Christo.* (S. Thom., P. 3, q. 82, a. 2, ad 3.)

Nous-même, à vos réunions, que Nous avons délégué, pour les présider, un membre éminent de Notre Sacré Collége.

C'est aussi afin d'en mieux assurer l'heureux succès que vous avez voulu, de votre côté, très-chers fils, venir solliciter, au préalable, Notre bénédiction, et renouveler devant Nous l'expression de votre ferme et inviolable attachement à la Chaire de Pierre, au seul centre divinement constitué de l'Eglise universelle. Nous vous félicitons de ces louables dispositions ; Nous agréons vos hommages et les vœux que vous formez à l'occasion de Notre Jubilé épiscopal ; et comme gage de Notre particulière affection, Nous vous accordons bien volontiers, à tous ici présents, à tous les membres de ce pélerinage et de votre Congrès eucharistique, la bénédiction apostolique.

Benedictio Dei, etc.

— *Oremus pro Pontifice Nostro Leone.*

— *Dominus conservet Eum et vivificet Eum, et beatum faciat Eum in terrâ, et non tradat Eum in animam inimicorum Ejus.*

Amen.

SERMON (EXTRAIT DU)

PRÊCHÉ A ORLÉANS

DANS L'ÉGLISE DE SAINT-PIERRE-DU-MARTROY

Le 10 février 1893,

Par le R. P. EDMOND, des Augustins de l'Assomption.

. . . .
. . . .
. . . .

Je ne reprendrai pas l'énumération des monastères qui formaient comme une couronne de beauté et d'honneur au front de la Cité Sainte. Plusieurs de ces monastères ont une admirable histoire, qui ne le cède en rien à celle de nos grandes abbayes d'Occident, telle que Cluny ou Cîteaux. Mais Saint-Sabas est le monastère par excellence de la Palestine, la sainte Laure.

> Les gorges du Cédron, ses ravins desséchés,
> Ses abîmes grondant dans le creux des rochers,
> Antres mystérieux, alvéoles de pierre,
> Où coulait parfumé le miel de la prière :
> Telle est la sainte Laure au désert de Sion...
>
> Sur ces sommets brûlants, sous ce soleil de flamme,
> Le corps vaincu, dompté, haletant, laisse l'âme
> Humble, mais affranchie et libre en sa prison,
> Prendre joyeusement l'essor de l'oraison.
> C'est là qu'ils ont vécu, ces Ermites, nos Pères,
> Sabas et Théoctiste, effrayants solitaires...

Ainsi chantait un de nos pélerins des années précédentes, dans une fête monastique, et il énumérait avec complaisance les gloires de la sainte Laure, les premiers disciples du Fondateur, et Jean le Silentiaire,

> Ce pénitent muet qui ne parlait qu'aux anges,

et les martyrs innombrables tombés sous le cimeterre des Perses ou des Arabes :

> Que de sang a rougi le fer des conquérants !
> Que de restes sacrés roulés par les torrents !
> Que de Saints inconnus peuplant nos nécropoles
> Se lèveront un jour avec leurs auréoles !

Le poète pouvait-il oublier les poètes de Saint-Sabas : Jean

Damascène *et son doux compagnon* Cosmas de Jérusalem ou de Majuma ?

> Frères par le génie, ensemble anachorètes,
> Ces Chantres de la Vierge, harmonieux Poètes,
> Assouplissant la langue à leurs rythmes vainqueurs
> Des Mélodes divins guident encor les chœurs,
> Et le dogme gravé dans leurs sacrés cantiques,
> Frappe encor de nos jours l'écho des Basiliques.

Pardonnez-moi, mes bien chers Frères, ces longues citations. Elles ont servi peut-être à délasser vos esprits ; mais plût à Dieu que la naïve admiration du poète pour le grand Monastère oriental fût vraiment communicative et pénétrât vos cœurs.

Avec l'admiration, donnons l'amour. Il est facile d'aimer ce qu'on admire, et d'autre part, plus l'amour grandit, plus l'admiration s'exalte, et ces deux sentiments, si nobles, si délicats, qui conviennent si bien à l'âme catholique et française, se prêtent un mutuel concours.

Comment ne pas vous aimer, ô nos Frères d'Orient ! Le Christ n'a pas cessé envers vous ses divines prévenances. Ni Photius ni Michel Cérulaire n'ont lassé sa tendresse, il vous conserve et son Sacerdoce et son Sacrifice ; il descend sur vos autels, il habite vos sanctuaires, il vient visiter vos âmes ; pour faire triompher son amour en vous réintégrant dans l'Unité de son Eglise, il n'attend peut-être qu'une grande manifestation de notre mutuel amour.

Comment ne pas vous aimer, ô nos Frères d'Orient ? La Vierge que vous avez tant honorée, tant priée depuis dix-neuf siècles, la Vierge Mère de Dieu, est restée votre Mère. Vos Madones et toutes vos dévotions byzantines ont rempli le monde, et Marie, en retour de ce culte, s'est faite la gardienne de votre foi contre l'hérésie menaçante.

Comment ne pas vous aimer, ô nos Frères d'Orient ? L'Eglise catholique, apostolique et romaine vous garde un amour de prédilection. Vous vous tenez séparés de son corps visible, mais elle proclame que beaucoup d'entre vous sont restés, par leur bonne foi, dans les profondeurs de son âme, là où Dieu seul connaît ses fidèles et discerne ses élus. Chaque Pontife qui monte sur le Siége de Pierre vous fait entendre la voix du bon Pasteur, il vous appelle : vous êtes ses agneaux, ses brebis, son troupeau perdu sur la montagne, mais toujours aimé. N'est-ce pas votre grand martyr, Ignace le Théophore, qui le disait autrefois, lui, le grand Amant du Christ : l'Eglise de Rome est *la Métropole de l'Amour ?* (1).

---

(1) Προκαθημένη τῆς ἀγάπης. *Epist. ad Rom.* Ed. Funk, p 212.

Il faut aimer comme le Christ, aimer comme la Vierge, aimer comme l'Eglise ; il faut aussi nous faire aimer.

Sur la montagne du Carmel, sur ce promontoire avancé du monde asiatique, Dieu montrait autrefois à son prophète le léger nuage qui se formait au loin, sur l'horizon des mers, du côté du couchant. Ce nuage devait monter, grandir, s'abaisser sur la terre d'Israël, et lui rendre, avec les eaux du ciel, la fécondité et la vie ; voilà le premier sens de la vision, sens littéral, immédiat et pourtant prophétique. Mais, sous le symbole du nuage, Dieu révélait la Vierge : elle venait de l'Occident, car elle sortait de ces générations lointaines, ensevelies dans les ombres de la mort et dans les flots orageux du premier péché ; mais, par le privilége de la Conception Immaculée, Dieu l'avait affranchie du péché et de la mort, et elle montait, la glorieuse Vierge, vers ce divin Orient, Soleil de justice, Splendeur de la Lumière éternelle qui l'enveloppait de ses clartés. Quand l'heure fut venue, la Vertu du Très-Haut la couvrit de son ombre, les cieux s'abaissèrent sur la Vierge, et, par la Vierge, sur Israël et sur le monde, et le nuage répandit sa divine Rosée ; voilà une deuxième signification de la vision d'Elie, signification spirituelle et mystique qui ne pouvait échapper à l'exégèse orientale, si attentive aux délicatesses du symbolisme et si désireuse de l'honneur de la Vierge (1).

Oserons-nous, mes bien chers Frères, dans l'interprétation de ce passage du *troisième Livre des Rois*, oserons-nous ajouter quelque chose à cette double richesse d'un sens littéral si précis et d'une signification figurée que l'Eglise approuve et reçoit dans sa prière publique (2) ? Oui, les exemples des saints et les décisions de la théologie nous permettent encore d'adapter respectueusement à notre œuvre et à nos espérances la vision du Prophète.

Ce nuage qui monte de l'Occident, n'est-ce pas notre Pèlerinage eucharistique ? Il vient à travers les mers, avec sa Croix dressée comme un trophée et ses joyeux pavillons à l'encens de ses prières et le parfum de ses autels. Ce n'est encore qu'une nuée légère : *Ecce nubecula parva* (3) ; le moindre vent de la

---

(1) Dans la *Clef* de Méliton, dont l'authenticité et la date sont discutées, on lit cette formule : « *Nubs* (pour *nubes*) : *Corpus Christi nullo peccati pondere gravatum, sive Virgo Maria.* » Card. Pitra. *Anal. Sacra*, t. II, p. 14. La première interprétation d'après laquelle le nuage représente le Corps et la Chair du Christ est de saint Augustin, mais la deuxième semble bien d'origine grecque, au moins nous la trouvons expressément adoptée par saint Romanus, un des plus anciens mélodes, dans son *Cantique de l'Assomption*. L'Ecriture, dit-il, appelle Marie un nuage : Τὴν Μαρίαν..... ἡ Γραφὴ νεφέλην προκαλεῖ. *Anal. Sacra*, t. I, p. 154.

(2) Leçons du *Bréviaire*, en la fête de Notre-Dame du Mont-Carmel.

(3) III Rois, XVIII, 44.

politique européenne pourrait refouler le nuage à l'horizon et en effacer la trace, comme disparaît le vestige de l'homme sur le sable des rivages : *Sicut vestigium hominis*; mais ce n'est pas un nuage de tempête, il n'y a rien de sombre dans son aspect, rien d'orageux dans ses flancs, il n'apporte au monde oriental que la rosée du Seigneur : *Quasi ros a Domino* (1).

Comprenez donc, ô Pélerins de l'Eucharistie, représentants, ambassadeurs de l'Occident catholique, et vous, Pélerins spirituels qui nous suivrez par le cœur et par la prière, comprenons tous le symbole du nuage !

En nous faisant naître dans la sainte Eglise, sous le rayonnement du Pontificat infaillible, Dieu nous a mis aux sources de la Lumière ; nous le savons, nous en sommes heureux, nous nous en faisons gloire ; le zèle de la Lumière nous saisit, nous voulons la répandre, illuminer l'Orient, et nous nous écrions avec enthousiasme : *Surge illuminare Jerusalem* (2), mais, sachons-le bien : la Lumière du Seigneur ne jaillira pas du nuage comme un éclair, elle n'en sortira pas comme un soleil majestueux et triomphant, elle descendra doucement en gouttes limpides sous forme de rosée : *Ros lucis, Ros tuus* (3). Il faudra qu'elle coule de nos paroles et de nos cœurs, comme elle coulait autrefois des lèvres de Moïse, le plus doux des hommes (4) ; c'est-à-dire, il faudra que nos jugements soient des jugements de bienveillance, que notre Sagesse, vraiment céleste et divine, ait pour compagnes l'Humilité, la Mansuétude et la Paix (5).

Lorsque les premiers rayons de l'aurore tombent sur les campagnes humides de rosée, les brins d'herbe et les buissons ne sont pas moins étincelants que les fleurs. Ainsi que notre zèle n'aille point distinguer trop subtilement entre ceci et cela, entre ce qui convient et ce qui déplaît. En Orient, comme partout, l'épine et la rose se trouvent sur la même tige ; il faut que le bienfaisant nuage ne refuse sa goutte de lumière ni à la rose ni à l'épine. Le souvenir de notre passage s'effacera bientôt, comme s'évapore la rosée du matin, mais il restera pour l'Orient les espérances, les promesses d'un beau jour, tout resplendissant de la lumière de Dieu.

Si nous aimons comme le Christ, comme la Vierge, comme l'Eglise, l'amour nous révélera, avec la douceur, les derniers secrets de la victoire. *Amore petitur*, disait saint Augustin, *amore quæritur, amore pulsatur* : la première force de l'amour c'est la prière, prions le Dieu des tabernacles, prions

(1) Michée, v, 7.
(2) Isaïe, LX, 1.
(3) *Ibid.*, XXVI, 19.
(4) Deut., XXXII, 2.
(5) Sap., I, 6 ; Jac., III, 13.

la Vierge et les anges et les saints protecteurs de l'Orient. La seconde force de l'amour, c'est le travail : agissons, donnons du nôtre et donnons-nous nous-mêmes. Mais la force suprême et irrésistible de l'amour, celle qui brise les barrières et ouvre triomphalement la porte des cœurs, c'est le sacrifice.

Laissez-moi vous faire cette confidence secrète qui vous expliquera peut-être l'énergie invincible de mes espérances : je sais, avec certitude, que sur différents points de la France, soit dans le monde, soit dans le cloître, il y a des vies sacrifiées, immolées volontairement pour notre œuvre ; il y a des vierges chrétiennes qui ont fait avec Dieu ce pacte sublime : « Seigneur, prenez ma vie et rendez à l'Eglise un Orient catholique. »

Entendez donc, ô nos frères d'Orient ! Entendez combien vous êtes aimés par l'Eglise et par la France. Ne croyez pas que les seules vies qui se dépensent pour vous soient celles de nos missionnaires et de nos sœurs de charité. A l'ombre de nos monastères et au foyer des plus nobles familles, il y aura cette année des deuils inattendus, des existences virginales qui s'éteindront tout-à-coup. On s'étonnera de ces morts soudaines et joyeuses ; ce seront nos victimes pacifiques, les victimes de l'Eglise et de sa sainte unité.

J'ai expliqué notre pélerinage eucharistique, mes bien chers Frères ; autant que Dieu m'en faisait la grâce, j'ai défini son esprit et ses intentions ; j'ai réussi peut-être à vous faire comprendre ses grandeurs surnaturelles.

Au mois de mai 1274, quelques jours avant la Pentecôte, le bienheureux pape Grégoire X, ancien archidiacre de Liège, ancien pélerin et croisé comme son prédécesseur, le bienheureux Urbain, recevait dans la cathédrale de Lyon les ambassadeurs de l'Orient (1) ; cinq cents évêques, plus de mille prélats étaient réunis en concile œcuménique : toute la chrétienté était attentive. Un moine franciscain, cardinal de la sainte Eglise romaine, monta en chaire et entonna le cantique de l'union : Lève-toi Jérusalem, et, debout sur tes hauteurs, regarde du côté de l'Orient ! *Exsurge Jérusalem, et sta in excelso, et circumspice ad Orientem* (2) ! C'était comme le cri d'adieu de saint Bonaventure à l'Eglise de la terre... Quelques semaines plus tard il entrait dans la Jérusalem des cieux ; les Latins et les Grecs venaient mêler leurs larmes sur sa tombe ; les uns pleuraient Bonaventure, les autres Eutychios (3), et le monde chrétien, réuni aux pieds de Grégoire X, portait le deuil du docteur Séraphique.

(1) C'étaient l'ancien patriarche de Constantinople, Germain III, l'archevêque de Nicée Théophane, et le grand Logothète Grégoire Acropolite.
(2) Baruch., v, 5.
(3) C'est ainsi que les Grecs avaient traduit le nom de saint Bonaventure. Cf. Héfélé, *Conciliengeschichte*, t. VI, p. 126.

Aujourd'hui, j'oserai reprendre en votre nom, mes bien chers Frères, son cantique d'espérance : Lève-toi, ô sainte Eglise, nouvelle Jérusalem ! Tiens-toi sur tes sommets dans la lumière de Dieu, dans le rayonnement du suprême Pontificat ! Que tes enfants placent bien haut leurs cœurs et leurs prières dans les sublimes intentions du cœur et de la prière du Christ ! *Exsurge, Jerusalem, et sta in excelso.* Regarde vers l'Orient, vers cette autre Jérusalem de l'antique alliance, symbole de ta beauté, image prophétique et berceau de tes grandeurs : *Circumspice ad Orientem.* Voici que tes fils se rassemblent après tant de siècles de dispersion ; de toute race, de toute langue, de l'Orient et de l'Occident, ils viennent pour se reconnaître, pour se saluer, pour échanger leurs trésors, pour se rendre les uns aux autres les témoignages de leur confiance, de leur admiration et de leur amour : *Vide collectos filios ab Occidente sole usque ad Orientem.*

Regarde et réjouis-toi, ô Jérusalem, car la parole qui les rassemble est une parole sainte, c'est la parole du Vicaire du Christ, ou plutôt c'est le Verbe lui-même, le Verbe trois fois saint, qui les appelle dans le sacrement de son Unité, dans le joyeux Mémorial de ses mystères : *In Verbo Sancti, gaudentes Dei memoria.* Toutes les montagnes d'orgueil, tous les durs rochers d'une opiniâtreté séculaire vont être aplanis, toutes les étroites vallées de la crainte humaine, de la pusillanimité, des intérêts du temps, vont être comblées, afin qu'Israël marche d'un pas rapide vers toi, ô sainte Jérusalem, pour l'honneur de son Dieu : *Constituit Deus humiliare omnem montem excelsum et rupes perennes et convalles replere, ut ambulet Israel diligenter in honorem Dei.* Déjà, les glorieuses forêts des collines éternelles, tous les cèdres et tous les bois odoriférants du paradis de Dieu, l'arbre de la croix qui a porté le fruit de la vie, et la Vierge toute pure et les anges et les saints s'inclinent vers nous, pour que nous puissions marcher à leur ombre : *Obumbraverunt et silvæ et omne lignum suavitatis.* Que tous les cœurs tressaillent d'une sainte joie ! qu'on fasse partout retentir les hymnes d'allégresse ! car le Dieu du nouvel Israël, notre Christ Rédempteur, attire suavement, par les attraits de son Eucharistie, tous ses fidèles d'Orient et d'Occident, dans la majestueuse splendeur de son Eglise catholique, apostolique et romaine : *Adducet Deus Israel cum jucunditate in lumine majestatis suæ.*

Qu'il en soit ainsi, ô Seigneur, pour votre gloire et pour le salut de votre peuple ! Qu'il en soit ainsi ! Et que ces âmes qui ont entendu ma voix aient une large part, connue de vous seul, à l'œuvre de cette sainte et parfaite unité ! Qu'il en soit ainsi ! *Fiat ! fiat ! Amen.*

†

NOMENCLATURE [1]

DES PHOTOGRAPHIES FAITES EN TERRE-SAINTE

EN MAI 1893

Par l'abbé VACHIA,

CHANOINE DE NAZARETH ET CHEVALIER DE L'ORDRE PONTIFICAL
DU SAINT-SÉPULCRE.

* 1. Réception faite au cardinal-légat (*à la porte de Jaffa, à Jérusalem*), par le Patriarche, le 13 mai.

* 2. Réception faite au cardinal-légat (*dans la cour de Saint-Anne*), par M Charles Ledoulx, consul général de France en Palestine, 16 mai (cardinal très-ressemblant).

3. Les trois officiers du *Poitou* (*MM. Langrais, Razouls et Cazal*).

4. La croix sur le *Poitou*.

4 *bis*. Le *Poitou*, dans le port de Marseille.

* 5. Etat des constructions au 23 mai (*en deux photographies*), vue prise de Saint-Sauveur (superbe).

* 6. Etat des constructions au 23 mai, vue prise de la terrasse des Frères (superbe).

7. Etat des constructions au 23 mai, vue plus étendue, prise de la porte de Damas.

8. Bénédiction de la première pierre de la chapelle. — Le cardinal y est représenté sous la petite tente, au moment où il bénit cette pierre.

* 9. Bénédiction de la première pierre de la chapelle. — Le cardinal y est représenté au moment où il bénit la foule groupée autour de lui.

* 10. Bénédiction de la première pierre — Vue extérieure de la petite tente devant laquelle sont groupés les RR. PP. et Frères Assomptionnistes.

11. Bénédiction de la première pierre. — Etat des lieux avant cette bénédiction.

* 12. Nouvelle porte, dite *porte des Francs*, et entrée de N.-D. de France.

(Colonne latérale : NOTRE-DAME DE FRANCE)

(1) Les photographies les mieux réussies sont celles marquées d'un astérisque.

12 *bis*. Chapelle sur le *Poitou*

12 *ter*. Reposoir sur le *Poitou* (pour la procession du Saint-Sacrement).

13. Procession du Très-Saint-Sacrement à Sainte-Anne, 16 mai (pas très-nette).

* 14. Procession du Très-Saint-Sacrement, 20 mai, chez les Dominicains, à Saint-Etienne (*trois vues différentes*).

* 15. Couvent des Dominicains à Saint-Etienne.

* 16. Emplacement et pavé de l'ancienne basilique de Saint-Etienne (*chez les Dominicains*).

* 17. Gare de Jérusalem ; les pélerins montant dans le train, 23 mai (instantané bien réussi).

* 18. Gare de Jérusalem ; au moment du départ du train.

* 19. Grotte de Notre-Dame de Lourdes, à Jérusalem (*l'abbé Vachia célébrant la sainte Messe à ses pieds*).

* 20. Grotte de Lourdes avec les Frères (*quatre vues différentes*).

* 21. Grotte de Lourdes avec Mgr l'archevêque grec de Tyr et Sydon (Monseigneur très-ressemblant).

22. Grotte de Lourdes avec des prêtres suisses (1884).

23.   *Id.*   en construction (1884).

24. Groupe de quatre-vingts pélerins logés chez les Frères (1884).

25. Groupe d'ecclésiastiques logés chez les Frères en 1893.

* 26. Jérusalem (*en deux parties*), vue prise du mont des Oliviers.

* 27. Porte de Jaffa et route de Jérusalem à Bethléem (*en deux parties*).

* 28. Patriarcat latin.

* 29. Les deux Synagogues.

* 30. Le couvent des Dominicains.

* 31. Le quartier des Russes.

32. Le mont des Oliviers.

33. L'église de Saint-Sauveur.

* 34. Le consulat français et l'hôpital Saint-Louis.

* 35. La mosquée d'Omar et mosquée El-Aksa.

* 36. Etablissement de Saint-Pierre (*fondation du P. Ratisbonne*).

> } *Vues prises de la terrasse des Frères.*

37. Musique de l'établissement de Saint-Pierre.

38. Mont des Oliviers, vue prise de la porte Saint-Etienne.

* 39. Cloître du Pater, où la prière dominicale est traduite en trente-deux langues (*deux épreuves très-nettes*).

40. Petite porte de la mosquée dite de *l'Ascension*.

41. Porte ou façade de la basilique de l'Assomption, près de la grotte de l'agonie.

* 42. Groupe des chefs arabes du mont des Oliviers.

* 43. Comité du pélerinage de 1884. — *P. Bailly.* — *Frère Liévin.* — *M. de Piellat, etc., etc.*
* 44. Tombeaux des rois. — Le frère Liévin y parlant aux pélerins (très-nette).
* 45. Mont-Carmel. — Messe en plein air, dite sur le tombeau des soldats Français massacrés en 1799... *Le R. P. Bailly se trouve à côté de l'autel.*
* 46. Caïffa. — Groupe de pélerins traversant cette ville.
47. Nazareth. — Basilique et campement des pélerins.
47 *bis.* Nazareth. — Intérieur de la Basilique.
48. *Id.* Fontaine de la Vierge, où la sainte Vierge venait puiser l'eau (un peu sombre, mais nette).
49. Bethléem. — Place publique (*en deux parties*).
50. *Id.* Vue prise des terrasses de l'orphelinat de dom Belloni.
* 51. *Id.* Magnifique portrait en pied de dom Belloni.
* 52. *Id.* Groupe de tous les enfants de l'Orphelinat.
* 53. Bethléem. — Groupe des musiciens de l'Orphelinat.
54. *Id.* Groupe de pélerins partant de cette ville.
* 55. Saint-Jean *in Montana.* — Gracieuse vue de cette bourgade.
* 55 *bis.* Groupe de pélerins quittant cette bourgade.

Paray-le-Monial.

* 56. Façade de la chapelle de la Visitation.
* 57. Chapelle, dite chapelle de bois, sise sur l'avenue de Paray à Charolles.
* 58. Arcs-de-triomphe magnifiques (*dix photographies diffé-rentes*), élevés à Paray à l'occasion des fêtes jubilaires de 1890.
* 59. Procession de la Châsse de la Bienheureuse dans les jardins intérieurs de la Visitation, 3 octobre 1890.
* 60. Châsse de la Bienheureuse au moment où elle pénètre sous le noisetier.
* 61. Noisetier avec le groupe de l'Apparition ; état des lieux en octobre 1890.
* 62. Croix apportée de Jérusalem en 1890 et plantée à Paray-le-Monial le 14 septembre 1890 (*six vues différentes et fort belles*).
* 63. Groupe de l'Apparition dans l'enclos des Chapelains.
* 64. Chemin de Croix monumental chez les Chapelains (*onzième station,* au moment où le sculpteur achève son sujet).

* 65. Chemin de Croix monumental chez les Chapelains
  (*treizième station*).
* 66. Résidence des Chapelains.
* 67. Basilique (*vue extérieure*).
* 68. Chapelle des Clarisses.
  69. Plusieurs processions de pélerinages.
  70. Hôtel de ville.

Lourdes.

Plus de 30 photographies, surtout de la Grotte et de la Basilique,
  ainsi que de l'église du Rosaire, en construction (toutes fort
  belles). Ces photographies n'ont jamais été dans le commerce.
  71. Une vue splendide de la Basilique, avec l'église du Rosaire, en construction.

Photographies diverses.

* 72. Un laboureur avec magnifiques bœufs du Charolais.
* 73. Une procession du Très-Saint-Sacrement dans un village.
  74. Un vieux manoir. — Une vieille église du XIe siècle, etc.
* 75. Une vieille auberge de village.
  76. Une scène de village.
* 77. Un équipage à quatre chevaux.
* 78. Plusieurs vues de canaux, de ponts, demandées par le
  ministère des travaux publics.
  79. Une grotte de Notre-Dame de Lourdes dans une église.
  80.   *Id.*   *id.*   dans un parc.
  81. Plusieurs vues splendides du *viaduc* (en construction) de
  Mussy-sous-Dun, lequel aura 85 mètres d'élévation.
  Vues prises en mars 1892, au commencement des travaux, et en juin 1893, les travaux étant déjà avancés.

EN VENTE

Pour une bonne œuvre, à Chateauneuf (Saône-et-Loire), chez l'abbé VACHIA, chanoine de Nazareth, chevalier du Saint-Sépulcre et pélerin de Rome et Jérusalem en 1884 et 1893.
Chaque photographie (*franco*) mesurant 11 sur 16 centimètres :

1 fr. non collée sur bristol (1).
1 fr. 10 collée sur bristol de 13 sur 18 centimètres.
1 fr. 50 collée sur bristol avec filets de 21 sur 27 centimètres.

On trouve aussi à la même adresse et sur la même feuille (prix : 1 fr. 25 le cent) : le *Souvenez-vous à saint Joseph* et la *Consécration à Notre-Dame de France*. C'est précisément celle qui fut prononcée à Jérusalem, dans la chapelle des Assomptionnistes, la veille du départ et au nom de tous les pélerins, par l'abbé Vachia lui-même : Ceux-ci l'ont trouvée magnifique dans sa simplicité.

Enfin est en vente (prix : 1 fr.) une petite brochure intitulée : *Mes Impressions à Jérusalem en 1893* (ou *Lettre à mes vénérés Frères dans le sacerdoce, anciens pélerins de Jérusalem*), par l'abbé Vachia), précédées d'une lettre de Sa Grandeur Mgr Ephrem Rahmani, archevêque de Bagdad, et d'une autre de Sa Grandeur Mgr Léonard Haas, évêque de Bâle : tous deux pélerins de Jérusalem en 1893.

(1) L'abbé Vachia conseille aux personnes qui veulent faire encadrer quelques-unes de ces photographies, dans des proportions plus fortes que 21 sur 27 centimètres, de les acheter non collées sur bristol. Il leur sera très-facile de les coller sur des cartons de leur choix Pour cela : 1º elles feront tremper ces photographies deux ou trois minutes dans de l'eau froide, l'eau ne peut leur faire que du bien ; 2º elles étendront chacune d'elles, le bon côté en dessous, sur une surface propre et unie ; 3º avec un linge, elles enlèveront l'excès d'humidité ; 4º avec un pinceau plat, ne pas craindre qu'il soit un peu rude, elles étendront sur le verso de chaque épreuve une couche très-légère, unie et nette, d'une colle assez épaisse, de farine ou d'amidon ; 5º elles appliqueront chaque épreuve sur le carton à elle destiné, en ayant soin qu'il ne se produise aucun pli ni aucune boursouflure ; 6º enfin elles passeront fortement la paume de la main sur l'image, après avoir préalablement placé une feuille de fort papier sur cette image, afin de faire adhérer complètement la photographie au carton ; 7º elles feront bien de la laisser en presse pendant quelques heures, entre deux feuilles de papier buvard.

Egalement est en vente (prix : 1 fr. 20 *franco*) une petite brochure intitulée : *Notre-Dame de Lourdes à Jérusalem* (2e édition).

Cette relation, écrite par le cher frère Evagre, supérieur des Frères des Ecoles chrétiennes de Jérusalem, est suivie de plusieurs cantiques inédits au Sacré-Cœur... à Notre-Dame de Lourdes... à saint Joseph... et pour une première communion, etc., etc..

Chateauneuf, en la fête de saint Pierre et saint Paul, 29 juin 1893.

L'Abbé M.-J.-L. VACHIA,

Chanoine honoraire, chevalier du Saint-Sépulcre,
Pélerin de Rome et Jérusalem en 1884 et 1893.

Nevers, Imp. G. Valliere.

✝

SOUVENIR DE NAZARETH (1893)

Souvenez-vous

A

SAINT JOSEPH

Souvenez-vous, ô aimable et puissant protecteur saint Joseph, que, selon le témoignage de sainte Thérèse, votre fidèle servante, l'on n'a point entendu dire qu'aucun de ceux qui ont eu pour vous une véritable dévotion et qui ont réclamé votre secours avec confiance, ait vu sa prière rejetée. Le cœur plein d'une si douce espérance, je viens à vous, ô digne époux de Marie, je me réfugie à vos pieds, et, tout pécheur que je suis, j'implore votre protection. Ne fermez point l'oreille à ma prière, ô vous qui avez porté le glorieux nom de Père de Jésus, mais écoutez-la favorablement et présentez-la pour moi à celui qui a bien voulu être appelé votre fils. Ainsi soit-il.

Jésus, Marie, Joseph, je vous donne mon cœur, mon esprit et ma vie.

Jésus, Marie, Joseph, assistez-moi dans ma dernière agonie.

Jésus, Marie, Joseph, faites que mon âme expire un jour paisiblement en votre sainte compagnie.

Saint Joseph, patron de la bonne mort, priez pour nous.

Saint Joseph, avocat des causes difficiles, priez pour nous.

Une indulgence de cent jours est attachée à la récitation de chacune de ces invocations. Elle est applicable aux âmes du Purgatoire.

(PIE VII, décret du 28 avril 1807.)

MEMENTO JERUSALEM

PSALMUS 136.

Super flumina Babylonis, illic sedimus et flevimus, * cum recordaremur Sion.

In salicibus in medio ejus, * suspendimus organa nostra.

Quia illic interrogaverunt nos, qui captivos duxerunt nos, * verba cantionum.

Et qui abduxerunt nos : * Hymnum cantate nobis de canticis Sion.

Quomodo cantabimus canticum Domini, * in terrâ alienâ ?

Si oblitus fuero tui, Jerusalem, * oblivioni detur dextera mea.

Adhæreat lingua mea faucibus meis, * si non meminero tui.

Si non proposuero Jerusalem, * in principio lætitiæ meæ.

Memor esto, Domine, filiorum Edom, * in die Jerusalem.

Qui dicunt : Exinanite, exinanite : * usque ad fundamentum in eâ.

Filia Babylonis misera : * beatus, qui retribuet tibi retributionem tuam, quam retribuisti nobis.

Beatus, qui tenebit, * et allidet parvulos tuos ad petram.

LAUDETUR JESUS CHRISTUS... SEMPER !